Reinhart Brandau

SEELE FINDEN

Photos

Maike Möller
Angelika Reichardt
Reinhart Brandau

Herstellung und Verlag

BoD – Books on Demand Norderstedt
(Printmedium & e-Book)

ISBN 978-3-7357-6258-0

Meinem Lebensgefährten - Amsel Juri
von Hamburg, und seinem seelenvollen
Gesang,

meiner unsterblichen Liebe - Dohle Pucki
von Oberneuland,

der bezaubernden Zauberin - Elster Elisa
von Worpswede,

der Nebelkrähe Mecki von der Kupferkanne,
die bei mir einen Bewußtwerdungsurknall
ausgelöst, und meinen Geist ein wenig
erleuchtet hat,

und last not least der Ringeltaube Penny,
die mir Frieden geschenkt hat ...

SEELE FINDEN

Auch wenn es keiner hören will -
erzählen muss ich´s doch, denn,
die Wahrheit hört ja zu -
immer hört sie zu ...

Und du?
dir erzählen?, ja, aber wie?, dass
du´s erleben könntst -
das Finden einer Seele ...

Von dem Schwalbenkind erzählen, ja?,
und den beiden Zaunkönigskindern,
die alle kein Zuhause mehr haben -
deren Schicksal nun ganz in meinen
Händen liegt?
Von ihnen erzählen, dass du
ihre Seelen spüren kannst?

Wenn das so einfach wär - das
Finden einer Seele - und das auch
noch *erzählen*, was schon so schwer
zu *finden* ist?! ...

Wie es schon mal *mir* überhaupt
möglich wurde, ihnen, den Seelen
der Vogelkinder zu begegnen, will
ich versuchen in eine Art
Bildersprache zu übersetzen,
daß du vielleicht etwas davon
verstehen könntst ...

Ersteinmal sind es ja nur, mir
anvertraute elternlose Vogelkinder -
reizende kleine Geschöpfe, ja,
aber Seelen - kein Gedanke an *sowas!*

Doch dann beginnt ein Zauber, der,
wie ein Herbststurm welke Blätter aus
den Bäumen, meine Vorstellung
davon, was Vögel sind, aus mein
Bewusstsein bläst ...
einem Bewusstsein eines von allen
guten Geistern verlassenen ICHS,
das sich für den Nabel der Welt
hält ...
eines ICHS, das als Ergebnis des
tränenreichen Vernichtungskrieges
christlicher Erziehung gegen
mein ES, meinem Unbewussten
daherkommt ...

ICH, als Ergebnis der auf so subtile
Weise gewalttätigen Erziehung durch
das Christentum, Schule, Medien, dem
gesamten zivilisierten "Kulturbetrieb" ...

Ich, ein vom Überich gesteuertes Ich,
das mir weismachen will, dass Vögel
keine Seele hätten -
ICH, dieses ekelige Etwas,
zu dem mich eine
"Zivilisierte Kultur"
zurechtgekleistert hat ...

Ja, ja, ... so ist es nun einmal ...

Wir alle sind, auf absurd
groteske Weise, pflegeleicht
verpackt in das Gespinst
gesellschaftlicher Normen
eingesponnen -
seelisch ausgehungerte Tierchen,
die begierig alles schlucken,
was man ihnen zuwirft:
Fußball, bei dem sich die
teuersten Huren der Nation
prostituieren, Karneval, **BILD**,
Kirche, verdummbeutelnde

Nachrichten wie Unterhaltung
in Funk, Fernsehen und
Printmedien -
dass sie gar nicht erst damit
anfangen, selbst zu denken, sich
eine eigene Meinung zu bilden ...

Ja Brot und Spiele, uraltes Rezept,
den Mob im Zaum zu halten -
Brot und Spiele haben schon vor
fast zweitausend Jahren die Politiker
des alten Rom dem Plebs (Pöbel) in
seine sensationsgeile Rachen gestopft -
und eine kostspielige Arena, das
Kolosseum, dafür erbauen lassen ...

Ja Brot und Spiele auch heute,
in dieser Zeit in der es um Wohl
und Wehe des Blauen Planeten
geht - und mit ihm um Wohl und
Wehe der gesamten Schöpfung und
des durch den Genuss des "Apfels
der Erkenntnis" (was immer das
sein soll) aus Paradies wie
Schöpfung ausgestoßenen
homo sapiens sapiens, Weiser
Weiser Mann ...

dem Albert Einstein "unermessliche Dummheit", wie wir inzwischen wohl schon ahnen, nicht ganz grundlos zugesprochen hat ...

Der Schöpfung und sich selbst hat er, wie auch immer, ja längst den Rücken gekehrt, der "Weise Mann".

Von seinem Überich um sich selbst gebracht, kaspert er als wirtschaftswachstumsbesessener Seelenkrüppel durch seine ihm vorgegebene Scheinwelt unverdrossen vor sich hin, versucht sein ausgedörrtes Gemüt vergeblich mit Bier und einem heile Welt Musikantenstadelgedudel anzufeuchten, indes das Leben auf der Guten Alten Erde von solch traurigen Gestalten ungestört den Bach hinuntergeht ...

Musikantenstadelgedudel – "Weiser Mann" schwebt über namenlosem Elend, in süßlichen Herzensschmalz gebettet, umher –

Tropischer Regenwad -
bäumevernichtende
Maschinenmonster ...

Heime der Vögel, Tiere, Insekten,
alles was da lebt kracht mit
fallenden Bäumen auf zerwühlten
Urwaldboden hernieder, findet unter
Stämmen und Zweigen uralter,
herabstürzender Baumriesen
ein jämmerliches Ende -
Überlebende, manche vom Tode
gezeichnet, suchen Rettung in
heilloser Flucht, irren heimat -
und hoffnungslos in verwüstetem
Land umher -
Tier- und Vogelkinder werden
von Raupenfahrzeugen zermalmt,
oder bleiben auf zerschundenem
Erdboden, den Hunger- oder
Feuertod vor Augen liegen ...
Das verschreckte Äffchen macht sich
eben noch nass, als es in Mutters
Armen mit ihr aus schützendem
Blätterdach von hoch oben
zu Boden geschleudert wird ...

Weiser Weiser Mann, wo ist, solltest
du je eine gehabt haben, deine
Seele nur geblieben!

McDonald´s braucht Weideland für
seine Rinder, andere Konzerne
Mutterboden für Sojaplantagen und
vieles mehr – da muss der Regenwald
eben weichen – und alles Leben –
und die Menschen, die seit
Urzeiten dort zu Hause sind
natürlich auch …

Unwiederbringliche Mangrovenwälder
müssen für Garnelenaufzuchtbecken
weichen, damit wir von Aldi, Lidl unter
Anderem zuverlässig mit billigen Rie-
sengarnelen versorgt werden können,
für deren Ernährung Küstengewässer
von schwimmenden Fischfabriken
leergefischt werden, worauf die auf
diese Weise in Not geratenen
Anrainerfischer sich notgedrungen
ein anderes Auskommen suchen
müssen, einige der Fischer sich
als Piraten das ihnen Geraubte
zurückzurauben versuchen …

Mit Riesenschleppnetzen vernichten schwimmende Fischfabriken ganze Meeresbodenlandschaften mit deren Ökosystemen, die in Jahrtausenden entstanden sind, in wenigen Stunden ...

Fortschritt nennt man das, Wachstum - wenn alles was **wächst** vernichtet wird! ...

Soll ich das menschliche Dummheit nennen? - das würde wohl nicht ausreichen! - Schwachsinn?, Irrsinn?, Terror? ja, Terror, das kommt der Sache schon näher ...

Sie alle: Staaten, Regierungen, Banken, Hedgefonds, Konzerne und wer weiß wer alles noch, sie alle, welche die Vernichtung des Lebens auf dem Blauen Planeten unterstützen, finanzieren und betreiben, sie alle terrorisieren, bedrohen die ganze Erde und nicht nur irgendwelche Gebäude, die ersetzt werden können, und ein paar Menschen, deren Art noch keineswegs vom Aussterben bedroht ist ...

So wie all diese sehen **wahre** Terroristen aus. Die sowas tun ...

Und wenn mir immer noch nicht einer zuhören will, die Wahrheit hört mir zu, gerade jetzt, hört mir die Wahrheit zu ...

In der Zeitspanne eines Fußballspieles "sterben zwei Tier- und fünf Pflanzenarten aus", heißt es - WERDEN ZWEI TIER - UND FÜNF PFLANZENARTEN VOM "WEISEN MANN" AUSGEROTTET, muss es heißen ...
Aussterben ist in diesem Zusammenhang eine irreführende Verniedlichung eines grausigen Geschehens -
ebenso die, gleich nach den ersten anti Atomkraft Demos erfolgte Umbenennung der **Atomkraftwerke** in (Kirsch) **Kernkraftwerke**, den Fußballfans (Musikantenstadler können sowas sowieso nicht unterscheiden) Sand in die Augen zu streuen ...

Auch gibt es da einen Park,
in dem du dich auf einer
Parkbank niederlassen, dich in
gesunder Luft entspannen,
erholen und all deine Sorgen
hinter dir lassen kannst -
Entsorgungspark nennen sie
ihn - in richtigem Deutsch:
GIFTMÜLLDEPONIE ...

Es ist einfach nicht auszuhalten!
Habe immer noch gehofft Seele
zu finden. Doch steht ihr die
"Politik" ständig im Weg herum;
scheinheilig, hinterpfotzig, gewis-
senlos umschleicht sie uns wie
Bettler am Morgen, wie Diebe in
der Nacht - arglistig, heimtückisch,
von hintenherum versuchen deutsche
Politiker uns Wählerstimmen hinters
Licht zu führen ...

Massentierhaltung - Landwirtschafts-
minister wollen uns weismachen es
sei **artgerecht** , Hühner in **Folterkäfige**
zu sperren, die der Größe eines **Din A4**
Blattes entsprechen, in denen sich

die armen Vögel nicht einmal frei
bewegen, und schon gar nicht ihre
Flügel ausbreiten können ...

Für wie geistig arm halten diese
Minister uns eigentlich, dass sie
es wagen, uns derartige Lügen
aufzutischen!, zu versuchen uns
weiszumachen es sei **artgerecht,** den
in Folterhallen gepferchten Puten soviel
von ihren **äußerst empfindsamen
Schnäbeln** abzuschneiden, dass sie
ihre Nahrung mit dem verbliebenen
Schnabelstummel nur noch unter
großen Schmerzen, ähnlich denen,
die wir beim Zahnarzt erleben
können, aufpicken können ...

Dass es artgerecht, und keine
Tierquälerei sei, diese bedauerns-
werten Mitgeschöpfe dazu noch derart
mit wachstumsbeschleunigenden
Medikamenten vollzupumpen,
dass viele von ihnen auf ihren
überlasteten Beinen buchstäblich
zusammenbrechen, weil ihre
Gelenke dem Gewicht ihrer

monströsen Fleischklopskörper
nicht mehr standhalten können ...

*

Will mal ganz ehrlich sein - die
Wahrheit hört doch zu!
Damals, als ich noch klein war,
und dann, auch etwas größer
schon, hab ich für mein Leben
gern Ball gespielt - Fußball -
in meiner Englandzeit nur im
Winterhalbjahr, im Sommer
dann mit einem ziemlich
kleinen Ball - Cricket ...

Cricket hat mir wenig Spaß
gemacht, war auch kein guter
Spieler. Dazu, wirklich spielen
taten immer nur zwei - aus
jeder Mannschaft einer. Die
anderen sind immer nur dumm
rumgestanden, und haben auf den
spannenden kurzen Augenblick
gewartet, in dem der Ball die
Hand des Werfers verließ und kurz
vor dem Gegenspieler auf den Rasen

prallte um entweder von dessen
Schlagholz in die Weite geschlagen
zu werden, oder etliche Kompliziert-
heiten selber zu vollziehen, oder
mit sich ausführen zu lassen –

Ja dumm rumstehen und zuschauen,
wie andere ihren Spaß haben, ist nichts
für mich. Und da versteh ich die Fans
nicht so ganz; bin doch nicht blöd –
schau doch nicht zu, wenn ich Hunger
hab, wie sich andere die Plauze voll-
hauen! ...
Selber essen!, selber spielen!, das ist
es doch! ...
Und nun? Seele finden – immer noch?,
ja, aber wo denn nur?! – beim Fußball?,
ich glaubs jetzt nicht! – ach so, bei **der**
Nationalmannschaft, in der damals
noch **echte deutsche Sportler** gespielt
haben – die nicht nach Geld geschielt,
die auf das nach dem verlorenen
Krieg verlorene Ansehen ihrer Lands-
leute geschaut und mit Begeisterung
für ihr Volk gekämpft, die ganze
Fußballwelt besiegt, und verzagten
Seelen Zuversicht zurückgegeben
Haben ...

Tatsächlich, endlich haben wir doch
noch Seelen gefunden!, verzagte zwar,
und irgendwie sehr anonym -
aber immerhin! …

* * *

Und nun?, ach so - Fußball heute …
können wir nicht lieber - können
wir nicht?, warum? - ach so, die
Wahrheit hört ja noch immer zu !!!

Und ganz gespannt hört sie zu -
möchte doch erfahren, was von dem
guten alten **Fußballspiel** noch übrig-
geblieben, und was davon zum
Fußballgeschäft verkommen ist.

Ein so schönes Spiel!
Einfach nur Spaß und Freude -
ist es mal gewesen … und jetzt?

Das spielerisch sportliche, alles
zum Teufel - nur noch Kampf,
erbitterter Kampf …

Die deutsche Nationalelf?
Von Ausländern durchsetzt.
Was die da zu suchen haben?
Euros, viele Euros!
Wenn jetzt aber zum Beispiel ein
Argentinier in der deutschen
Nationalmannschaft gegen die
argentinische Nationalmannschaft
spielt, ist da dann nicht irgendetwas
ganz falsch?, und der Argentinier
ein Verräter an seiner Nation, ehrloser
käuflicher Überläufer und so? …
Ach so, **sein Land hat auch eine**
Abfindung bekommen – in zig Dollar-
millionen – wie viele weiß man nicht
so genau, und ob überhaupt … was?,
totale Anarchie?

Ein einziges Chaos scheint mir das ja
zu sein - und all die armen Fußball-
profis wissen vielleicht auch nicht
mehr so genau, wem sie denn nun
wirklich gehören …

Rätsel über Rätsel verstecken sich
in einer nebulösen Fußballwelt,
und ein *besonders schwerwiegendes*
Rätsel ist dieses:

Sollte uns irgendeine Vernunft die Wahl lassen zwischen Fußball und der Rettung der Eisbären, Pinguine, all unserer Mitgeschöpfe die längst auf der unendlich langen Liste der Tod- und Ausrottungsgeweihten Lebewesen verzeichnet sind – könnte dann wohl ein schicksalhaftes Bewusstwerden der Fußballfans- und Spieler der ganzen Erde entstehen?, und dass sie mit Greenpeace, Robin Wood und anderen Organisationen zusammen gegen die "unermessliche menschliche Dummheit", für die Rettung der Schöpfung, soweit sie noch zu retten wäre, gemeinsam kämpfen würden? …

Dass Fußballspieler-inen gemeinsam mit ihren Fans **wahre Helden** des finalen Kampfes zur Rettung der Schöpfung würden? …

Wo die wahren Terroristen zu finden
sind, und wie sie aussehen, wissen wir
ja schon -
Die wahren Helden des Kampfes gegen
Bedrohungen des Lebens, wie
Atomwaffen, Atomkraftwerke und all
den irrsinnigen Leben vernichtenden
Machenschaften sind Rebellen wie
Albert Einstein, Albert Schweitzer,
Wilma Sturm, Holger Strom, Heinrich
Hannover wie Julia Butterfly Hill, die
1997 in die Krone des über fünfzig
Meter hohen redwood tree Luna
geklettert ist, und ihm dort oben 738
Tage ihres Lebens geschenkt hat, das
Leben des uralten Baumriesen zu
retten und viele, viele mehr,
last not least Greenpeace Aktivisten
die immer wieder, auch auf hoher See
ihr Leben für andere in die
Waagschale werfen …

Die Schwalben aber und die
Zaunkönige, deren Geschichte dies
alles ja eigentlich hätte werden
sollen, kreuzen die vielleicht gerade
über einem Fußballstadion umher,

und finden es lustig, wie so viele
Menschen hinter ein seltsam kariertes
Riesenei her rennen um es in eines von
zwei abartige Nester zu stoßen, wo es
dann immer wieder einer rauswirft,
und keiner so recht zu wissen scheint
was das Ganze eigentlich soll ...

Natürlich fliegen sie nicht irgendwo
umher, sind doch noch in meiner
Obhut - Vogelbabys sozusagen ...

Und von ihnen, ihrem Beisammensein
erzählen?, von einer Freundschaft wie
es sie noch nie gegeben hat - seit sich
Leben regt auf unserer guten alten,
sterbenskranken Erde?

Wie aber soll das gehen - wie aus der
Menschenwelt in die der kleinen
Vögel gelangen - die sich unter vielen,
vielen Federn versteckt hält, dass sie
uns verborgen bleiben muss?

Die Wirklichkeit, die sehen wir wohl -
sie hält unseren Blick an Oberflächen
fest, unser Bewusstsein in Äußerlichkeiten

gefangen: Formen, Farben, Größe,
Gewicht - vielleicht noch das Alter der
kleinen Zaunkönig- und Schwalben-
wesen erkennen wir - die Wirklichkeit
eben - das Wesentliche aber, das, was
unter den Federn lebt, das, in dem
vielleicht ja sogar Seele zu finden wäre,
bleibt uns verborgen -
solange wir normale Menschen sind …
in unseren paradigmatischen
Bewusstseinsfallen gefangen …

*   *   *

Halbwegs normal war ich ja wohl
auch noch, als mir eine Babyschwalbe
und zwei kleine Zaunkönigskinder
in meine Obhut gegeben wurden …
allerliebste kleine Vögelchen.
Mehr sah ich vorerst nicht …

Doch dann - war es die kleine
Schwalbe, waren es die Zaunkönigskinder oder alle zusammen, die meine
Seele berührten und mich verzauberten,
dass ich sie mit einmal ganz neu wahr-
nehmen konnte, **meine** Vogelkinder …

Erst war mir, als zögen mich meine
Gedanken auf den Grund eines Sees zu.
Als diese sich dann von mir lösten, war
es, als würde Schweres von mir abfallen
wobei ich aus dunkler Tiefe zur Sonne
hin aufgestiegen, und unter ihrem
Leuchten als Seerose in makelloser
Schönheit auf stillem Wasser
geschwommen bin - und alles mit
ganz neuen Augen sehen konnte ...

Und ihr, die ihr keine Vogelkinder an
eurer Seite habt, die euch verzaubern,
deren Seelen euch berühren könnten,

habt nur mich als Zeugen für Erlebnisse,
die sich doch nur durch sich selbst
erleben lassen… wenn überhaupt!…

$$*\qquad *\qquad *$$

… doch eh ich´s noch vergeß, verrate
ich mal schnell ein Geheimnis: diese
Vogelgeschichte schreibe ich nicht für
irgendwelche **NORMAL** angepassten **LEUTE**…
die haben ihren Teil der Geschichte
ja schon gelesen…
All die Erlebnisse mit meinen
Vogelfreunden sind allein unsere
Geschichten - darum mache ich alles
so, wie ich es für *uns* gut und richtig
finde - mit Photos, die verwackelt- in
denen unsere Seelen jedoch
lebendig sind…

So bin ich im Sommer 2003 Pflegevater
zweier Zaunkönigskinder und einer
jungen Rauchschwalbe geworden.

Die Vögel wohnen in einer geräumigen Voliere am Waldrand unter einem großen Ahornbaum.

Erst kann ich gar nicht glauben, was ich dort sehe - alle halbe Stunde kuscheln sich die Zaunkönige an die Schwalbe, um zwei, drei Minuten bei ihr zu schlafen...
Dabei legt die Schwalbe ihren Kopf über sie, und wacht über ihren Schlaf.
Offensichtlich empfindet mein Schwalbenkind kjärlighet (norwegisch) für ihre kleinen Freunde.
Im Deutschen gibt es für diese Empfindung keinen Begriff.
Man kann sie notdürftig mit „zärtliche Fürsorge" umschreiben.

Es ist wie im Märchen. Und als solches würde man meine Schilderung auch abtun - wenn es keine Photos geben würde, die, so unscharf sie auch sein mögen, genau das dokumentieren...

Schwälbi wacht über schlafende
Zaunkönigskinder

Ihre Nahrung: frisch gehäutete Mehlwürmer, entbeinte Heimchen und
kurz gesiedete Drohnenbrut gebe ich
meinen Vogelkindern mit einer vorne
abgerundeten Briefmarkenpinzette
in ihre weit aufgesperrten Schnäbel.
Um sie zu füttern, setze ich mich zu
ihnen auf den Erdboden. Die Vögel
versammeln sich dann erwartungsvoll
auf meinem Oberschenkel.

Als einmal die Schwalbe dort landet, die Kleinen aber am Erdboden bleiben, schluckt sie den Wurm den ich ihr gebe nicht runter, sondern behält ihn im Schnabel.

Warum schluckt sie ihn denn nicht runter?, wundere ich mich, und sehe, wie sie mit dem Wurm, den sie quer in ihrem Schnabel hält, dessen Enden zu beiden Seiten heraushängen, hinab auf den Erdboden fliegt.

Nun spaziert sie auf ihren kurzen Beinchen, ihre schlanke Gestalt bewegt sich bei jedem ihrer kleinen Schritte hin und her, auf einen der Zaunkönige zu.

Der weiß so wenig wie ich, was die Schwalbe bei ihm will. Verwundert schaut er sie an, als sie seinen winzigen Schnabel mit ihrem viel größeren anstupst.

Ich glaubs ja nicht!, sie wird den Kleinen doch wohl nicht füttern wollen?!

Doch, tatsächlich, sie will!!!

Beharrlich stupst das Schwalbenkind an den kleinen Schnabel seines
Freundes, weiß nur nicht so recht,
wie das gehen soll.

Der kleine Vogel überlegt, denkt nach,
bewegt den Wurm in seinem Schnabel
etwas nach vorn und hält ihn, mit
zur Seite gewendetem Kopf an den
Schnabel seines winzigen Freundes.
Nun erkennt dieser die Absicht der
Schwalbe, pickt nach dem Wurm, zieht
ihn aus dem Schwalbenschnabel
heraus, und schluckt ihn runter.

Was für ein Vogelkind!
Kann noch nicht für sich selber sorgen,
aber füttert einen seiner kleinen Freunde!

„Zit, zieht!", „will mehr!"
„Schwälbi", so nenne ich sie nun, versteht,
fliegt auf meine Hand, erbettelt einen
Wurm den sie hinunterschluckt und
fliegt mit dem Nächsten zu ihrem
kleinen Freund zurück.

Schwälbi erbettelt ein Würmchen für ihre Freunde

Eines ihrer "Kinder" empfängt Schwälbi *sperrend*

Aller Unschärfe zum Trotz dokumentiert dieses
Photo historisches Geschehen , am 14. Juli 20003

Der empfängt sie jetzt bettelnd, mit
weit aufgesperrtem Schnabel in den sie
ihren mitsamt dem Wurm hineinsteckt.
Der ist jedoch wieder zu weit drin im
Schnabel, und es dauert eine ganze
Weile, bis sie ihn mit ihrer Zunge so weit
nach vorne geschoben hat, dass die
Übergabe endlich gelingt …

Als Schwälbi mit dem nächsten Wurm
im Schnabel losspaziert, warten beide
Königskinder auf sie.
Unschlüssig steht Schwälbi vor ihnen,
weicht vor den drängelnden Vögeln
zurück, schluckt den Wurm nun selber
und fliegt, von "ihren" Kindern gefolgt
zu mir auf mein Knie.
Von nun an fliegt mein Schwalbenkind
oft mit einem Wurm im Schnabel zu
einem seiner kleinen Freunde. Aber
immer nur, wenn der alleine ist.

*

Die Zaunkönige unterhalten sich
viel miteinander, aber auch mit
Schwälbi, und sie sich mit ihnen.

Am Klang ihrer Stimmen, im Wechsel
von laut zu leise bis zu einem Flüstern,
am Hin und Her und Durcheinander
ihrer Stimmen und dem was sie gerade
machen, ihrem Verhalten, ihren Gesten,
an der Harmonie ihres Miteinander
erkenne ich dass sie - so unterschiedlich
ihre Sprachen auch sind - einander
dennoch verstehen.

Was machen wir jetzt?

Schlafen?!

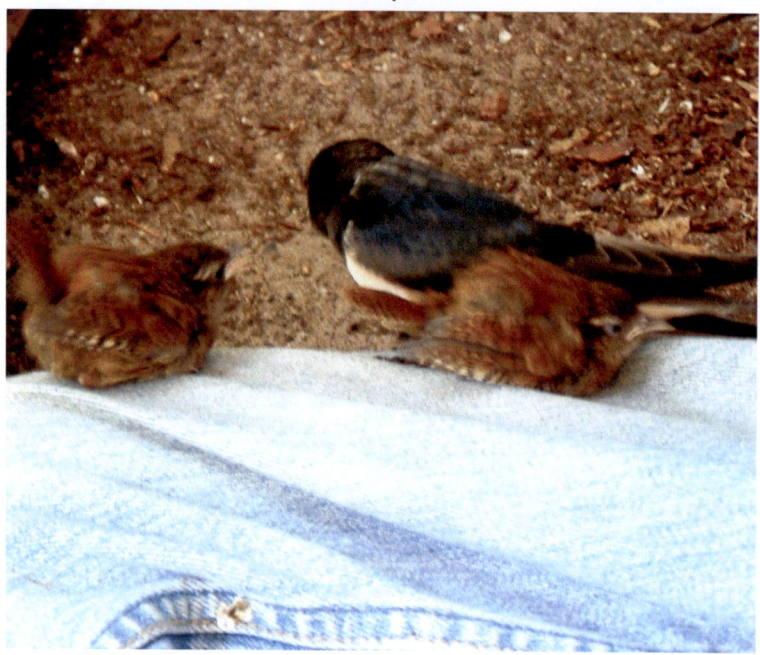

Aber doch nicht so!

Schon besser!

Ja, anbucken und kuscheln!

Glückliche Träume alle zusammen!

Zur Not, auch mal ohne Schwälbi schlafen.

Zur Nacht lege ich Schwälbi in eine Wollmütze in einem kleinen Karton, "ihre Kinder" dazu, die sich sogleich an sie kuscheln. Darauf lege ich ein Tuch über sie, und lausche auf dem Weg in meine Wohnung ihrem Bettgeflüster –

Schwälbi erzählt, mit vielen leisen, zarten Lauten, worauf ihre Königskinder in schnellen Folgen hoher Pieptöne antworten: „Ich bin so glücklich dich zu fühlen, und dir so nah zu sein!", kann das nur bedeuten. Dabei drücken sich die kleinen Federbällchen so an Schwälbies Brust, dass es aussieht, als wollten sie in sie hineinkriechen.

*

Am 14. Juli, gegen Mittag, nimmt Maike die Photos mit unserer Vogelfamilie auf.
Wir alle sind wohlauf und quicklebendig.
Am Nachmittag legt sich ein Zaunkönigskind auf den Erdboden nieder … und stirbt …

Es ist, als habe der kleine Vogel
etwas zurückgelassen, bei uns,
seinen Gefährten ... etwas, wie Seele ...

*

Tagsüber sind der Kleine und Schwälbi
unzertrennlich. Wohl fliegen sie
zwischendurch jeder für sich in der
Voliere umher, um dann irgendwo
zu landen, und miteinander umher-
zugehen oder zu ruhen.

Kleiner König will nicht mehr in
der Mütze schlafen. Er hat sich für
einen Schlafplatz in einer Holzkiste,
die, mit einer Öffnung nach vorne,
oben an der Volierenwand hängt,
entschieden. Dort schläft er auf einer
Wollsocke, die ich ihm in die hinterste
Ecke der Kiste gelegt habe.
Als ich am Abend versuche, Schwälbi
zu ihm auf die Wollsocke zu legen,
protestiert sie energisch, fliegt wieder
raus, und aufgeregt „witt!, witt!, witt!"
schimpfend in der Voliere umher.
Na, denke ich, sie wird schon selber
darauf kommen daß ihr Kleiner

Freund in seinem Bettchen auf sie
wartet, und zu ihm fliegen.
Als ich mich schließlich dem
Volierenausgang zuwende, fliegt
sie auf meine Hand und schimpft
mich aus, mit einer Lautstärke, die
ich ihrer kleinen Kehle nie
zugetraut hätte: „witt!, witt!, witt!
schreit sie mich wütend an. In der
Absicht sie zu beruhigen, halte ich
meine andere Hand über sie. Frau
Schwalbe jedoch - irgendwas sagt mir
in diesem Augenblick: Schwälbi muß
eine Schwälbin sein - gerät jetzt
in Rage - schimpft und beißt, und
ist völlig außer sich ...

„Was fällt dir ein, ohne mich zu gehen!,
ich will mit!"

Als ich mit der kleinen Rebellin auf den
Schlafmützenkarton zugehe, legt sie
sich ruhig in meine Hand - Schwälbi weiß,
ich habe sie verstanden. Als ich sie auf
die Mütze setze, hudelt sie sich zufrieden
hinein ...

Sechs Tage darauf, gehe ich mit Schwälbi
auf meiner Hand aus der Voliere ins
Freie.
Sie schaut in die Bäume, und in den
blauen Himmel, gleitet vom Handrücken
über meine Finger hinweg in ihre
luftige Welt, fliegt in immer größeren
Kreisen auf in den sonnigen Tag ...
Ich höre ihr „witt witt" leiser werden,
bis es sich mit ihr in der Weite des
Himmels verliert ...

*

Nun bin ich mit unserem Königskind
allein. Aber nicht sehr lange. Drei
Tage nur. Dann kommt wieder eine
Rauchschwalbe zu mir.
Sie wird in fünf Tagen ihre ersten
Flugversuche machen. Bis dahin
behalte ich sie bei mir in der Wohnung.

Inzwischen ist für mein Königskind
seine Volierenwohnung etwas zu klein
geworden. Gerne würde ich ihm die
Tür in die Freiheit öffnen. Der kleine
Kerl würde ja, wie in der Voliere auch,
auf dem Erdboden bleiben, und leicht
in sein Zuhause zurückfinden. Wenn
die Schwalbe dann aber mit in der
Voliere ist, muss die Tür geschlossen
bleiben. Sie ist ja noch lange nicht
soweit, dass sie frei umherfliegen, und
dabei für sich selber sorgen könnte.
Kleiner König soll also freien Ausgang
haben, indes die Schwalbe vorerst noch
in der Voliere bleiben muss ... wie mach
ich das nur!
Erraten? War doch auch leicht - für
unseren König schneide ich ein Schlupfloch in die Türschwelle, das gerade mal

so groß ist, dass er hindurch schlüpfen kann.

Mit der Pinzette gebe ich meinem Königskind inzwischen nur noch von den Mehlwürmern - die winzigen Millimeterheimchen hingegen, lasse ich einfach aus der Schachtel auf den Erdboden springen, wo der Kleine ihnen nachjagt und alle, die sich nicht rechtzeitig in irgendeiner Ritze verkriechen, erbeutet.

Nun möchte ich den Kleinen mit seinem Privatausgang bekannt machen. Dazu rufe ich ihn, und weise mit dem Zeigefinger auf die kleine Öffnung unter der Tür. Er kommt herbeigehuscht, sieht sich meinen Zeigefinger interessiert an und blickt aus seinem Augenwinkel herablassend zu mir auf: „Du Schelm!, da ist ja gar nichts Schmackhaftes zu finden!"

So kommt mir die Idee - und ich halte die Schachtel mit den Heimchen vor

das Schlupfloch, dass einige von
ihnen herausspringen, und sich
auf den Weg da hinein machen.

Flugs huscht mein Kleiner ihnen nach
und verschwindet in der Öffnung.
Bald erscheint er draußen vor der Tür
und erkundet die Umgebung.
Überall sucht der kleine Vogel nach
Essbarem, und pickt Insekten auf, die
so klein sind, dass ich sie nicht sehen
kann.
Er wagt sich sogar viele kleine Schritte
weit in den Wald und untersucht die
Schrunden der Rinde eines alten
Ahornbaumes.
Von dort fliegt er zurück, direkt vor die
Volierentür, läuft an ihr hin und her
und verschwindet in seinem Schlupfloch.

Als die Schwalbe in meiner Wohnung
zu fliegen beginnt, bringe ich sie zu
meinem kleinen Freund in die Voliere.
Der begrüßt sie mit hellem „sit!", fliegt
zu ihr, und kuschelt sich an sie.
Die Schwalbe scheint zwar verwundert,
aber keinesfalls abgeneigt, und duldet

die vertrauliche Nähe des wuselnden
Federbällchens.

Es schläft ein.

Die Schwalbe rührt sich nicht bis der
kleine Kerl plötzlich unter ihr hervor-
wuselt, „sit!" rufend auf mein Bein
fliegt - ich sitze auf dem Erdboden
im Schneidersitz - und erwartungsvoll
zu mir aufschaut.

Als ich das Schälchen mit den frisch
gehäuteten Mehlwürmern hervorhole,
fliegt die Schwalbe neben ihn.

Als beide Vögel sich sattgefuttert haben,
fliegt der Zaunkönig zu seinem Schlupfloch und krabbelt hindurch in eine
sonnige Welt.

Am Boden längs der Voliere turnt er
über altes Laub, dürre Äste, Rinden-
stücke, und unter hochaufgeschossenen
Brennnesseln hindurch. Überall sucht
und pickt er nach Insekten bis er
einen sonnigen Flecken findet. Dort
legt er sich nieder und breitet Flügel
und Schwanz wie kleine gewölbte
Fächer ruckartig über die warme Erde
in die Sonne.

Doch bald ist der kleine Wusel wieder

auf den Beinen und turnt in ein
Brombeerdickicht hinein, in dem
ich ihn aus den Augen verlier.
Später dann höre ich seine hellen
Rufe über der Voliere, bis er sich an
den Maschen der Tür herunter-
hangelt und durch seinen Eingang
in die Voliere schlüpft.
Nachdem ich die Vögel gefüttert habe,
schläft der Kleine nun ein wenig - an
die Schwalbe geschmiegt - bis er
seinen Rundgang um die Voliere
erneut beginnt.
Erst am späten Nachmittag beendet er
seine Ausflüge, worauf ich sein Schlupfloch, für die Nacht, gegen mögliche
Feinde verschließe.

Bisher hatte die Schwalbe in einem
weich ausgepolsterten Kohlmeisennest
geschlafen. Das ist ihr natürlich vertraut.
Nun bin ich gespannt, ob sie stattdessen
den ihr fremden Schlafplatz auf der
Wollsocke mit ihrem neuen Freund
teilen wird.

Als der kleine Zaunkönig, kurz vor
Sonnenuntergang in seine Kiste fliegt,
schaut ihm die Schwalbe rufend nach.
Sie fliegt aber noch nicht so gut, dass
sie dort sicher landen könnte. So lasse
ich sie auf meine Hand steigen, und
hebe sie zur Kiste hoch.
Sogleich begrüßt sie ihr kleiner Freund
mit diesen schnellen zarten Lauten, und
führt sie zu seinem Sockenbett ...
Dort kuscheln, piepsen und flüstern die
Beiden, bis sie, aneinandergeschmiegt
eingeschlafen sind ...

Am Morgen, nach dem Füttern, öffne
ich dem kleinen König sein Schlupfloch
wieder.
Auch draußen, außerhalb der Voliere,
bewegt er sich in einer unbekümmerten
Selbstvergessenheit, die mir bedenklich
erscheint. Der winzige Vogel kennt
weder Angst noch Vorsicht - so klein er
auch ist, schnappt er einer viel größeren
Kohlmeise einen Mehlwurm aus ihrem
Schnabel - auf einen jungen
Sperling, der auf ihn zugeht, wirft er
sich schimpfend - weiß auch nicht,

was da in ihn gefahren ist - und krallt
sich so in dessen Seite, dass der schreiend
auf den Rücken fällt.
Oh, oh, denke ich, wenn das man
immer gutgeht, kleiner König!
Dann, nachdem er eine Weile suchend
und pickend vor der Voliere unterwegs
war, legt er sich mitten auf den Weg,
und schläft unbekümmert ein.
Meine Nachbarin Ursel, die, ohne ihn
zu bemerken auf ihn zugeht kann ich
gerade noch daran hindern, auf ihn
zu treten.
Oh je!, mir bleibt nun nichts, als den
kleinen Kerl auf seinen Streifzügen
zu begleiten - so bin ich die meiste
Zeit in seiner Nähe.
Wenn ich mal kurz weg war, und zu
ihm zurückkomme, ruft er mich, und
fordert Mehlwürmer von mir. Wenn er
sich dann sattgefuttert hat, schlüpft er
in die Voliere um eine Weile bei seiner
Schwalbenfreundin zu sein.

Die beiden Vögel sind mir im wahrsten
Sinne des Wortes so hautnah, dass ich
jede ihrer Regungen an mir fühlen kann.

Wir drei so unterschiedlichen Geschöpfe,
sind doch auf geheimnisvolle Weise eins.
So, wie die Gestalten der beiden Vögel
sehr unterschiedlich sind,
sind es auch ihre Wesen.
Die lebhafte Lebensfreude des Zaunkönigs, wie Leben spendender
Sonnenschein.
Glückselig bewegt er sich in seiner
kleinen Welt, fühlt sich eins mit ihr
und jeder Sekunde seines Hierseins.
Sein Wesen ist so rund und zart und
schön, wie sein kleiner Körper. Nie
zuvor habe ich etwas so Schönes
erlebt - und zum ersten Mal, ist bei
dem Gedanken an meine Endlichkeit,
tiefe friedliche Ruhe in mir.
Jetzt könnte ich gehen, in dem
Bewusstsein, den größten Schatz der
Welt in mir zu tragen ...
Und so könnte auch der kleine König
jederzeit gehen.
Sollte ihm etwas zustoßen, da draußen
in der Welt, wäre das am Ende eines
glücklichen Lebens ...

Die in sich ruhende Schwalbe - Mond-
licht schwebt über sanften Meereswogen.

Schwälbi fühlt sich wohl in ihrem Heim,
aus dessen Geborgenheit sie sich bald
in grenzenlose Weiten schwingen wird.

Der Himmel wird voller Schwalben
sein - mit ihnen fliegen, auf schnellen
Flügeln über die Wipfel der Bäume
kreuzen, dicht über stillem Wasser
durch Schwärme tanzender Mücken
jagen, hoch dort oben schweben, über
Felder, Wälder, Fluss, Stadt und Land -
fliegen, fliegen - grenzenlose Freude -
fliegen, fliegen, weit weit in den
sonnigen Süden fliegen ...

Noch ist Schwälbi bei ihrem kleinen
Freund und mir glücklich und
zufrieden, und vermisst die große
Freiheit nicht. Auch sie lebt ganz
im Hier und Jetzt. Noch ruht in ihr
das Geheimnis einer Freiheit, die in
mir den Wunsch erweckt, das nächste
Mal in dieser Welt als Schwalbe
anzukommen ...

Oft sitze ich mit den beiden Vögeln
in der Voliere am Erdboden beisammen,
und schaue in die lebhaften Augen
des Zaunkönigs, und in die ruhig und
aufmerksam umherschauenden Augen
der Schwalbe.
Äußerlich gesehen, geschieht ja schon
so viel: die einfühlsame Art und Weise,
in der wir drei Erdenkinder bei einander sind.
Es geschieht aber noch viel mehr - drei
so unterschiedliche Lebewesen, wie wir
es sind, nehmen einander so wahr, dass
wir miteinander verschmelzen, dass es
nichts Fremdes mehr zwischen uns
gibt ...
Eingebettet in dieses Zusammensein,
fühle ich mich in einer Weise geborgen,
wie ich es so noch nie erlebt habe ...

Wenn ich daran denke, dass wir nur
noch wenige Tage so beisammen sein
werden, folge ich dem Beispiel meiner
Vogelkinder: ganz da zu sein, und
nicht an morgen zu denken ...

Sachte sinkt die Dämmerung in
unsere kleine Volierenwelt herein.
Als Erste fliegt Schwälbi in die
Schlafkiste hinein.
Königskind will ihr folgen, verfehlt
die Öffnung, fliegt etwas unterhalb
wie ein Hauch gegen die Volierenwand, und flattert hinab auf den
Erdboden ...
Als ich es sachte vom Boden auf-
nehme, und vor die Öffnung halte,
läuft es eilig zu seiner Freundin hinein,
begrüßt sie mit vielen zarten glücklichen
Lauten und kuschelt sich zu ihr in
ihr Sockenbett.
Wieder lausche ich ihrem Bettgeflüster,
bis die beiden Vogelkinder eingeschlafen
sind.
Ein kaum merklicher Schatten berührt
mich auf dem Weg zum Haus ...

*　　*　　*

Das milde Licht der aufgehenden
Sonne leuchtet aus den Wipfeln von
Ahorn und Tanne über dem noch im
Dunkeln liegenden Wald, unter dessen
Blätterdach die Volieren sich verbergen.

Auf dem Weg dorthin höre ich die
hohe, durchdringende Stimme des
Zaunkönigs nicht.
Er müsste längst wach sein, mich erspäht
haben und nach mir rufen.
In banger Ahnung gehe ich durch die
Schleuse in die Voliere.
Schwälbi liegt noch in ihrem Schlaf-
gemach … unser kleiner König darunter,
am Erdboden, auf dem Rücken, und hat
seine Beinchen von sich gestreckt …

An diesem Abend begibt sich Schwälbi
allein in ihr Sockenbett, und krabbelt
dort unruhig umher.
Sie scheint ihren kleinen Freund zu
vermissen, und auf ihn zu warten, dass
er vielleicht doch noch zu ihr kommt.
Zaghaft versuche ich mit meiner Hand,
sie an ihrer Seite zu berühren.
Sie schimpft und beißt - will meine Nähe

nicht …

*   *   *

Zwei Tage nachdem unser Freund uns
verlassen hat, findet sich wieder eine
noch sehr kleine Rauchschwalbe bei
uns ein.
Als ich sie in meine Hand nehme, schaut
sie mich an, und legt sich wohlig in ihr
nieder.
Ihre samtdunklen Augen, ihr Gesicht,
ihr liebes zufriedenes Wesen ist mir
vertraut, so wie ich ihr auch vertraut
zu sein scheine …
Es kommt mir vor wie ein Wiedersehen …
und ich sage „Klein Schwälbi" zu ihr …

*   *   *

Vor zwei Wochen habe ich Angelmaden
gekauft, und sie unter Rotlicht gelegt.
In der Rotlichtwärme hatten sie sich
bald verpuppt. Nun schaue ich immer
wieder nach, ob nicht endlich die ersten

Fliegen schlüpfen.
Noch bekommen die Schwalben außer
Mehlwürmern viele Heimchen von mir.
Lieber würde ich ihnen an Stelle der
Heimchen Fliegen geben.
Wohl graut mir auch davor, Fliegen
umzubringen - bei den Heimchen fällt
es mir nur noch schwerer.
Es ist sehr schwierig, sie mit einer
Pinzette zu fangen, und es geschieht,
dass ich nur eines ihrer Beine
zu fassen kriege, und das Tierchen
ohne das Bein davon springt.
Immer wieder tut mir das weh.
Habe ich aber eines dieser kleinen
Wesen gefangen, sieht es mich
aus seinen großen Augen ängstlich
an.
Jedesmal muss ich mich gegen alle
meine Gefühle dazu überwinden ihm
seinen kleinen Kopf zu zerquetschen,
seine Beine auszureißen und den
Legestachel mit einer Schere abzuschneiden - immer wieder,
den ganzen Tag ...
Nun warte ich sehnlichst darauf, dass
die Fliegen kommen, und ich die

überlebenden Heimchen freilassen
kann.
Dann endlich entdecke ich die erste
Fliege, wie sie matt an dem Klarsicht-
behälter hochklettert, in den ich sie
als Made getan hatte.
Bald folgt die zweite, dann werden es
schnell mehr, so, dass ich die Schwalben
reichlich mit ihnen versorgen kann.

*

Als Klein Schwälbi neun Tage später
zu fliegen beginnt, bringe ich sie zu
der einsamen Schwälbi in die Voliere.
Die kleine Schwälbi freut sich einer
Artgenossin zu begegnen, und geht
sogleich auf sie zu.
Die aber scheint sich gar nicht
zu freuen, und klappt ihr mit dem
Schnabel zu: komm mir nicht zu nah!
Klein Schwälbi sucht aber trotzdem
ihre Nähe, wobei die große Schwälbi
darauf achtet, dass immer eine
Handbreit Raum zwischen ihnen
bleibt.

Offenbar hat sich die Große für einen
Zaunkönig als Gefährten entschieden,
und ihre Freundschaft mit ihm nicht
vergessen...
Wenn sie auch von Geburt an auf
Schwalben „geprägt" sein mag, hat sie
dennoch eine persönliche Wahl getroffen:
sie hat das so ganz andere Wesen des
Zaunkönigs wahrgenommen und
gerngehabt und wie ich, wie man so
schön sagt, ihr Herz an ihn verloren...

Sichtlich verlegen wird sie, als sich
Klein Schwälbi zum Füttern auf
meiner Hand niederlässt, und sie sich
eigentlich dazusetzen möchte.
Schließlich landet sie auf dem letzten
Glied meines Zeigefingers, wobei ihr
linker Fuß dauernd auf meinem
Fingernagel abrutscht.
Mit der Zeit verringert sich der Abstand
zwischen den beiden Vögeln aber doch
so weit, dass sie auf meiner Hand
nebeneinander Platz finden.

*

Am Abend begibt sich die Große, wie
immer, auf ihr Sockenbett.
Darauf setze ich Klein Schwälbi vornean
in die Schlafkiste. Doch versucht sie gar
nicht erst zur Großen zu gehen, und fliegt
zu mir auf meine Hand.
Als ich sie dann in ihr Nest in der
unteren Kiste lege, krabbelt sie darin
herum als suche sie etwas, erzählt mir
dabei in allen Tonlagen dass noch nicht
alles richtig ist - schließlich fliegt sie an
meine Brust, klettert in die Hemdfalte
zwischen Oberarm und Brust und legt sich
zum Schlafen hinein ...
Als ich meine Hand über sie halte, hört
sich Klein Schwälbies Stimme
sehr zufrieden an.
Doch kann ich ja nicht die ganze Nacht
hier so stehenbleiben, und warten, bis das
so eigene Seelchen ausgeschlafen hat ...
So nehme ich den protestierenden Vogel
aus seinem behaglichen Hemdfaltenbett,
und lege ihn in sein Nest zurück.
Sachte halte ich meine Hand über ihn -
fühle wie er sich unter ihr in die Nest-
mulde kuschelt, höre seine zufrieden
erzählende Stimme, und die Frage: bist

du noch da?
Ja, ich bin noch da, Klein Schwälbi,
und hab dich ganz, ganz lieb!

Offensichtlich versteht sie mich, und
antwortet mit Lauten, die mir sagen,
dass sie sich geborgen fühlt und
glücklich ist.
Lange noch erzählen wir einander
was uns bewegt, und was wir für
einander empfinden, bis es recht
dunkel geworden ist.
Als ich meine Hand dann endlich
vorsichtig von meinem Schwalbenkind
nehme, ruft es laut nach mir, und
fliegt wieder an meine Brust.
Noch einmal lege ich Klein Schwälbi
in ihr Nest, meine Hand über sie, und
erzähle ihr Gutenachtgeschichten bis
ihre Stimme leise wird, und nur noch
gelegentlich ein kleines, liebes Piepen
zu hören ist.
Endlich, als sie auf mein Geflüster
nicht mehr antwortet, nehme ich
meine Hand von ihr, und gehe in das
Dunkel der Nacht.
Fast hundert Schritte entfernt, vor

meiner Haustür, begegne ich Ursel
der ich eine gute Nacht wünsche - vom
Walde her dringen verzweifelte Rufe an
mein Ohr: witt, witt, witt, witt, witt, witt!!!
Der kleine Schläfer hat meine ferne
Stimme im Schlaf gehört und fliegt,
mich rufend, in der Voliere umher! In
wenigen Augenblicken bin ich am
Eingang der Voliere und versuche mein
Sorgenkind zu finden. Es ist so dunkel,
dass ich es nicht sehen kann.
Seine Rufe kommen jetzt vom Erdboden
her. Bevor ich mich hinknie, taste ich
die Stelle ganz vorsichtig mit meinen
Fingern ab. Bloß nicht auf das zarte
Geschöpf draufknien!
Vorsichtig tastend bewege ich mich auf
seine Stimme zu - endlich fühle ich
Klein Schwälbies zarten Körper, und
nehme sie in meine Hand ...
Sogleich verändert sich ihre Stimme - es
ist alles wieder gut ...
In völliger Dunkelheit ertaste ich ihr
Nest, und lege sie wieder hinein.
Leise sagen wir uns liebe Dinge, bis
Klein Schwälbi eingeschlafen ist.

Als ich an dem Amselkind in der
Voliere nebenan lautlos vorbeigehe,
begrüßt es mich mit zarter leiser
Stimme.
Ohne ihren Gruß zu erwidern, schleiche
ich mich an ihr vorbei - auf keinen Fall
darf mein Schwalbenkind nochmal
ins Dunkel fliegen, und ich hoffe nur,
dass sie sich keine Feder verletzt
hat.
Sollte auch nur eine ihrer Schwung-
federn geknickt sein, würde sie den
weiten Flug nach Südafrika
nicht überstehen können ...

*   *   *

Die Stunden und Tage mit meinen
Vogelkindern erlebe ich wie die
Heimkehr in eine verlorengegangene
Welt.
Sie führen mich an eine Quelle des
Lebens, die in unserer Menschenwelt
ja längst versiegt ist ...
Konsum, Fun, Klamotten die geil in
sind und Komputerspiele, viel mehr

„Lebensqualität" ist schon bei
manchen Kindern und Jugendlichen
kaum noch zu finden.
Und die Erwachsenen erst!
Die panzern sich mit Autos, möglichst
im neuesten Design.
Viele, auch Frauen!, machen mit ihren
Geländewagen Pflanzen wie Tiere nieder -
in Feld, Wald, Wiese und Wüste - kommen
sich vor, wie wohlhabende Burgfräulein
einer modernen Welt, wie omnipotente
Ritter ohne Furcht und Tadel …
derweil ihre Seelen unter bitterer
Armut darben …
Süchtig nach jeglicher Ablenkung, die
diese armseligen Geschöpfe nur weit
genug von sich selbst und ihren
dahinkümmernden Seelen führt …

*   *   *

Inzwischen habe ich noch ganze
vier Tage mit meinen zwei Schwalben-
kindern zusammengelebt. Mit Klein
Schwälbi bis in die Nacht.
Dann, am frühen Morgen, fliegt die

große Schwälbi aus meiner Hand
auf, in den beginnenden Sommertag …

*

Vier Tage darauf, erzähl ich Klein
Schwälbi als Gutenachtgeschichte von
den vielen Schwalben am Himmel, zu
denen sie auffliegen wird, wenn ich
morgen mit ihr aus der Voliere in die
große Welt da draußen gehe …

Der allerletzte Abend mit Schwälbi, an
dem ich meine Hand über sie halte,
und wir miteinander sprechen: morgen
wird meine Schwälbi zu all den
anderen Schwalben fliegen, und eine
wunderschöne Schwalbe finden, die
Schwälbi lieb hat, die am Abend
mit ihr einen Schlafplatz findet, wo
sie zu Schwälbi lieb sein, und die
ganze Nacht mit ihr kuscheln wird …

Wenn ich mir jedoch vorstelle, dass
Schwälbi niemanden findet der
die Nacht bei ihr sein will, und sie
meine Nähe am Abend vermisst,
wird mir ganz weh ums Herz.

Meine Gedanken werden mein
Schwalbenkind in seine Freiheit begleiten,
während ich, an die Erde gebunden,
zurückbleiben muss ...

Eigentlich ist es wohl noch etwas zu
früh, meine Schwälbi schon in ihre
Freiheit zu entlassen.
Sie fliegt ja schon recht gut, aber auch
erst seit ein paar Tagen - und wird sie
auch schon Insekten im Flug erjagen
können?
Dabei wird es langsam Zeit, dass sie
an andere Schwalben Anschluß findet.
Bei dem Wirtshaus „Neu Helgoland",
am Ufer der Hamme, keine zwei Kilometer
entfernt, habe ich heute an die hundert
Schwalben umherfliegen gesehen.
Sie kreuzen dort über Wiesen,
Moorgewässern und Bäumen - aber
wie lange noch? ...

An diesem Abend kann ich mich nur
schwer von Schwälbi lösen. Morgen
um diese Zeit wird ihr Nest verwaist sein,
und Schwälbi für immer fort.

Ganz langsam nehme ich meine Hand
von ihr, und gehe in die Nacht hinaus ...

*

Als ich bei Sonnenaufgang zu Schwälbi
gehe, begrüßt sie mich verschlafen aus
ihrem Nest, klettert auf meine Hand, reckt
ihren linken Flügel weit zur Seite, dann
den anderen, hebt beide nach oben
gewinkelt hoch, fliegt schwatzend umher,
und auf meine Hand zurück.
Groß ist ihr Hunger noch nicht; ganze
zwei Mehlwürmer nimmt sie von mir,
fliegt wieder los, landet auf meinem
Kopf, rutscht an den Haaren herunter,
kuschelt sich an meinen Hals, zubbelt
erst noch an meinem Bart herum bevor
sie damit beginnt, ihr Federkleid zu
pflegen, wobei sie jede einzelne Feder
sorgfältig durch ihren Schnabel zieht.

Nach dieser Prozedur klettert mein
Schwalbenkind auf meine Hand,
und sieht mich vielsagend an -
ja, ich hab auch Fliegen
mitgebracht -

Eine nach der anderen verschwindet
im hellen Rot ihres Schnabels.
Nach dem zehnten Fliegenhappen
passen auch noch acht weiße Mehlwürmer in ihren kleinen Bauch.

Fünfzehn Minuten später ist der
große Hunger wieder da. Wieder
verschwinden zehn Fliegen und einige
Mehlwürmer in dem kleinen Vogel.

Alle Viertelstunde bekommt er eine
solche Mahlzeit von mir,

bis ich die Volierentür öffne, und
mit Schwälbi auf meiner Hand
langsam hinaus in die
Mittagssonne gehe.

Ruhig liegt sie auf meiner Hand,
betrachtet den alten Apfelbaum,
die hohen Tannen, den Laubwald,
und schaut in den hellblauen
Himmel auf.

Dann wendet Schwälbi mir ihr
kleines Gesicht zu, sieht mich aus
ihren lieben dunklen Augen an -
witt, witt! - gleitet von meiner Hand,

fliegt auf den Apfelbaum zu, kreist
mit schnellem Flügelschlag aufwärts,
höher und höher in größer werdenden
Kreisen - witt, witt! - über die großen
Bäume davon ...

*

Eben noch, habe ich die samtweichen
Federn ihres Köpfchens an meinen Lippen
gefühlt, ihrer zärtlich Stimme gelauscht
und ihr ein glückliches Leben gewünscht -

Nun ist sie allein in ihrer großen Welt,
irgendwo, unerreichbar, für alle Zeit ...

*

Am Nachmittag fahre ich mit dem Auto
ins Dorf. Auf dem Rückweg sehe ich,
am Waldrand vor der Auffahrt, eine
Schwalbe über mich hinweg fliegen.

Eine einsame Schwalbe - und ich
erkenne meine Schwälbi !!!

Vollbremsung - Tür auf, und raus -
nichts - keine Schwälbi weit und breit ...

Ihren Weg zu den Schwalben am Wasser
hat sie also nicht gefunden, und irrt
allein umher ...
Habe ich sie vielleicht doch zu früh aus
meiner Obhut entlassen?, und kann
sie nicht mehr erreichen -

Bekümmert gehe ich ins Haus, stelle den Getreidebrei für die kleine Ringeltaube ins Warmwasserbad, sammele weiße Mehlwürmer für die Bachstelze, den Grauschnäpper und die kleine Amsel, der ich heute Abend ja wieder eine gute Nacht wünschen kann, und begebe mich auf den Weg zur Voliere.

Witt, witt, witt!!! - Schwälbi!, meine Schwälbi!
Aus den Zweigen, die ein großer Ahornbaum über die Voliere breitet, lösen sich zwei dunkle Flügel neben heller Brust.

Der so rührend zarte Händedruck
seiner Füßchen auf meiner Hand
zittert kaum spürbar unter den
heftig vibrierenden Flügeln des
glücklichen Vogels, der mir dringlich
in die Augen sieht - witt, witt!!!
Hunger, Hunger!!!
Bin so aufgeregt, dass mir die Schale
mit den Mehlwürmern fast aus der Hand
fällt, als ich die Volierentüre öffne.
Noch im Hineingehen gebe ich meiner
hungrigen Freundin den ersten Wurm.

Ich weiß nicht was größer ist - Schwälbies
Hunger, oder unsere Freude darüber, dass
wir wieder beisammen sind ...

*

An diesem Abend, als mein Vogelkind
in seinem Nest auf mich gewartet hatte,
und ich, wie alle Abende davor
die Hand über meine Schwälbi halte,
wird mir bewusst dass sie,
alleine da draußen, noch nicht
hätte überleben können ...
    ... vom Westen her, hat sich

auch noch düsteres Grau vor die
tiefstehende Sonne geschoben, und
frühe Dunkelheit über den Abend
gelegt ...

Am Morgen blicke ich durchs Fenster
in eine graue nasse Welt.
Es regnet, und ist kalt geworden.
Welch ein Glück, dass Schwälbi zurück-
gekommen ist!

Nachdem ich alle meine Vogelkinder
versorgt habe, fahre ich nach
Neu Helgoland.
All die vielen Schwalben dort fliegen
im Regen tief über den kurzgeschorenen
Rasen, und dem Wasser, und kreuzen
über der Straße hin und her.
Immer wieder lassen sich ein - zwei
und mehr dieser kleinen Vögel
ausgehungert und entkräftet auf
dem Asphalt der Fahrbahn nieder,
wo sie kaum zu erkennen sind - und
die Autos fahren mitten zwischen
sie ungebremst hindurch ...
Irreal, wie in einem Traum - Albtraum -
will nicht glauben, was meine Augen
mir vorgaukeln: die vielen Witt-Witt-

Rufe von der Straße her, aus der Luft,
von überall her - und die Autos fahren
mitten hinein - das kann, das darf
doch nicht wahr sein!
Wie gelähmt steh ich da, und kanns
nicht glauben, und fahre nach Hause,
klebe einen großen Bogen Büttenpapier
auf eine Hartfaserplatte, male eine
Schwalbe da drauf mit dem Hinweis
doch langsam zu fahren, und stelle das
Schild am Straßenrand auf -

Das moderne Rittergeschlecht jedoch
ignoriert diesen Hinweis, und fährt
weiterhin ungebremst mitten in die
kreuzenden Vögel hinein …
Dass ich keinen angefahrenen Vogel
dort finde, ist wirklich ein Wunder - es
müssen viele Schutzengel bei ihnen sein!

*

Während die Schwalben um mich her
hungern und frieren - sie erhaschen
bei dem Regenwetter nur noch selten
mal ein fliegendes Insekt - wartet meine
inzwischen wohl auch sehr hungrige
Schwälbi auf mich.
Nachdem ich sie gefüttert habe,
fahre ich zu den Schwalben nach
Neu Helgoland zurück.

Als ich mich dort den heranfahrenden
Autos mitten auf der Fahrbahn in den
Weg stelle, umkreisen mich die wendigen
Flieger so nah, dass sie mich fast streifen.
Das bringt mich auf die Idee, Schwälbi,
wenn die Sonne wieder scheint, direkt
hierher zu bringen, wo sie gleich mitten
unter ihnen ist.

Jeden Tag schaue ich nun nach, ob die
Schwalben noch da sind. Das Wetter
bessert sich nur langsam.
Dann, am fünften Tag nach Schwälbies
Ausflug, geht die Sonne an einem
wolkenlosen Himmel auf.

Wehmut begleitet mich auf dem Weg
zu meiner Schwälbi.
Nur noch wenige Stunden bis zu
unserem endgültigen Abschied.
Wie immer, fliegt mir mein Vogelkind
in der Voliere entgegen, und lässt sich
fröhlich zwitschernd auf meiner Hand
nieder.
Nach Schwälbies Morgenmahl fahre ich
gleich zur Hamme. Dort sehe ich, wie
die vielen Schwalben immer noch um
und über die großen alten Bäume
fliegen - gerettet!, sie sind noch nicht
abgeflogen, und werden mein Pflegekind
in ihre große Gemeinschaft aufnehmen,
und mit ihnen mitfliegen lassen, auf
ihrem weiten Flug nach Afrika ...

Die folgenden Stunden verbringe ich
damit, Schwälbi zu füttern und
bei ihr zu sein.

Um neun Uhr will ich sie ein letztes
Mal füttern.
Ich bin in dem Volierenteil, in dem
ein Amselkind wohnt, und öffne die
Tür zu Schwälbi.
Die fliegt mir entgegen, und landet
bei dem Amselkind auf der Rücken-
lehne des Gartenstuhls, neben dem
ich gerade stehe.
Sogleich bekommt sie einen Mehlwurm
von mir, und die kleine Amsel
natürlich auch.
Die behält den Wurm im Schnabel,
geht mit lieben Amselworten auf
Schwälbi zu, und schenkt ihn ihr ...
Auch von den nächsten Würmern gibt
mein Amselkind ihr welche ab.
Ein schöneres Abschiedsessen hätte ich
mir wirklich nicht vorstellen können ...

*

Nun nehme ich Schwälbi auf meine
Hand, berühre ein letztes Mal ihr
Köpfchen mit meinen Lippen, erzähle
ihr von den vielen Schwalben am Fluss,
und dass ich sie nun zu ihnen bringen
möchte.

Fragend sieht meine Schwälbi mich an,
als ich sie auf das Handtuch in einem
kleinen Karton setze:
                        was ist denn nun?

Verwundert schaut sie hoch, als ich
Gardinengaze über den Karton lege,
und diese mit Wäscheklammern
über ihr befestige.
Der Freiheit liebende Vogel ist es ja
nicht gewohnt eingesperrt zu werden.
        ... ich mach ja gleich
wieder auf, Schwälbi, und bleib auch
bei dir - es ist alles gut ...

Auf dem Weg zur Hamme erzähle ich
ihr, wie glücklich sie sein wird, wenn
sie gleich mit den vielen Schwalben
zusammen fliegt.
Als ich aus dem Wagen steige, und mit
Schwälbi auf die große Wiese gehe,
hören wir das vielstimmige witt, witt,
witt der über uns kreuzenden
Schwalben.
Den Karton mit Schwälbi stelle ich
ins Gras, und nehme sie auf meine
Hand. Wir sehen uns an. Dann schaut
Schwälbi hoch, witt, witt, witt, fliegt

mit schnellem Flügelschlag auf, und
rufend um mich herum in immer
größeren Kreisen.
Schnell fliegt sie hoch in die Krone
einer Pappel und wieder heraus,
einen Augenblick neben einer
anderen Schwalbe her, und in
weiten Kreisen über die Bäume, bis
ich Schwälbi von den vielen Schwalben
dort oben nicht mehr unterscheiden
kann …

Nun setze ich mich am Stamm
einer Pappel ins Gras und schaue
hoch.

Jetzt könnte jede der umherfliegenden
    Schwalben meine Schwälbi sein …

Januar.
Kleines Dorf im Thüringer Wald.
Eingeschneit in der Nacht.
Bitterkalt.

Als ich kam, aus dunkler Wärme, war da ein Kerzenlicht,
meine Mutter Erika und Rolf der Schäferhund …

Klitzekleines Dorf am Ufer der Schwarza – dem geheimnisvollen Fluss, der einem so wundersame Geschichten erzählt –
wenn man die Sprache des Wassers versteht, und seinen
Stimmen lauscht:
dem Donnerrauschen unterm Wasserfall, das vom Entstehen
des Lebens, der vorübereilenden Zeit und der Ewigkeit
erzählt – dem geheimnisvollen Murmeln, wenn es zwischen
Felsen dahineilt – seinem lustigen Klingen, wo es mit kleinen
Steinchen spielt –

Und wenn dieser Fluss, in tiefem Bett still dahintreibt, den
Stimmen der Vögel lauscht, und sirrend-summendem Flug-
gesang kleiner Flugwesen, die wie selbstvergessen über das
ruhige Wasser tanzen, wenn ich dann in die Tiefe schau, aus
der leiser Undinengesang zu mir heraufschwebt, ergreift mich
Sehnsucht nach dort unten, und eine seltsame Traurigkeit …

Ganz nah der Schwarza hab ich das "Licht der Welt" erblickt,
und dort meine Kindheit zurückgelassen als das Kriegsende
mein Lebensschiffchen nach Bremen verschlug, von wo es
durchs Leben irrte, bis Mecki, die Nebelkrähe, es anhielt, und
in die Welt der Vögel geleitete – in der es endlich dann
                                        vor Anker ging …

Post Scriptum:
Landwirtschaftsministern ins Gästebuch geschrieben:

Würde, was ist dir? Du siehst ja so schlecht aus!, wo bist du nur gewesen?!

In Kz´s in den Erdboden getrampelt bin ich worden, und davongesegelt in Gewitter- Schäfchen- und Abendrotwolken – und hab Asyl gefunden – bei den Tieren …

Doch **mehr denn je,** bin ich wieder auf der Flucht … Nun werde ich bei Tieren in den Kot getrampelt – kein Erdboden mehr unter uns – kein Himmel über uns – kein Wölkchen, nicht Mond nicht Sonne und Sterne mehr – Neonröhren zittern kaltes Licht über die grausigen Tierstimmenklagewolken endlos großer Folterhallen …

*

Als wesentlichen Unterschied zwischen Kz´s, in denen Menschen gefoltert worden sind, und Massentierhaltungseinrichtungen, in denen Tiere gefoltert werden, sehe ich politisch- ideologische Motivation hier, und christlich wirtschaftliche Interessen da … und dürfte den zahllosen leidenden Opfern gleich sein, wie man es nennt …

So erlaube ich mir, diese unaussprechlichen Einrichtungen der Kürze wegen, auch wenn es nicht gerade „politisch korrekt" ist, ebenfalls Kz´s zu nennen …

Und nun soll mir ja keiner kommen, und behaupten: Tiere hätten keine Seele, und könnten gar nicht leiden – doch, ein Heer solcher Ignoranten, die das behaupten, bevölkert tatsächlich die Erde und foltert und mordet – auch Menschen – die auch – denn es gibt dort keine Ehrfurcht **VOR DEM LEBEN ANSICH** … und Würde?, die schon lange nicht!

"Von dem, der Tier Kz´s *gutheißt*, ist wohl kaum zu erwarten, dass er Menschen Kz´s, über seine Beteuerung: "nie wieder" hinaus, *tatsächlich ernsthaft ablehnt* …"

Anders würde die Rechnung doch niemals aufgehen! Simpelste Logik reicht aus, das zu erkennen. Denn der, den der Anblick von Menschen Kz´s entsetzen würde, könnte auch vom Anblick der Tierfolterhallen niemals unberührt bleiben, würde Tier Kz´s niemals *gutheißen können*

Kz´s bleiben Kz´s, egal wie gut man sie zu tarnen und zu verstecken sucht, ganz gleich, ob Menschen oder Tiere dort leiden … keines von beiden darf durch das Andere verharmlost werden. *Keines* von beiden – es geht doch um **fundamentale Ethik – NICHT um fundamentalistischen Anthropozentrismus** – oder geht es gar nur um schwarze Zahlen auf Bankkonten der Pioniere einer zu reinen Materialisten verkommenen Gesellschaft?!

… wünsche dir alles Gute, gute alte Erde,

dein Reinhart